NOVENA À SANTA DULCE

EVERSON LIMA

NOVENA À SANTA DULCE

DO CORAÇÃO À MISSÃO

NOVE PASSOS DE TRANSFORMAÇÃO INTERIOR COM **SANTA DULCE DOS POBRES**

Paulinas

Edições Loyola

Dados Internacionais de Catalogação na Publicação (CIP)
(Câmara Brasileira do Livro, SP, Brasil)

Lima, Everson
Novena à Santa Dulce : do coração à missão : nove passos de transformação interior com Santa Dulce dos pobres / Everson Lima. -- São Paulo : Edições Loyola (Aneas) : Paulinas, 2025. -- (Devoções populares : míni)

ISBN 978-65-5504-461-4 (Loyola)
ISBN 978-65-5808-365-8 (Paulinas)

1. Dulce, Irmã, 1914-1992 - Orações e devoções I. Título. II. Série.

25-280762 CDD-242.72

Índices para catálogo sistemático:

1. Irmã Dulce : Orações e devoções : Cristianismo 242.72

Cibele Maria Dias - Bibliotecária - CRB-8/9427

Diretor geral: Eliomar Ribeiro, SJ
Editor: Gabriel Frade

Diretora editorial (Paulinas): Ágda França

Capa: Ronaldo Hideo Inoue
Diagramação: Maurelio Barbosa
Preparação: Tarsila Doná

Capa composta a partir da montagem da foto de Santa Dulce dos Pobres (autoria desconhecida) com a imagem generativa de © AIPhoto (Adobe Stock). Na contracapa, detalhe da imagem generativa de © Trending Design (Adobe Stock).

Nas aberturas internas do miolo, detalhe da imagem de © BGStock72 (Adobe Stock).

Edições Loyola

Rua 1822 n° 341, Ipiranga
04216-000 São Paulo, SP
T 55 11 3385 8500/8501, 2063 4275
editorial@loyola.com.br, **vendas**@loyola.com.br
loyola.com.br, **@edicoesloyola**

Paulinas

Rua Dona Inácia Uchoa n° 62, Vila Mariana
04110-020 São Paulo, SP
T 55 11 2125 3500, **TM/SAC** 0800 701 0081
editora@paulinas.com.br, **paulinas.com.br**

ISBN (Edições Loyola) 978-65-5504-461-4
ISBN (Paulinas) 978-65-5808-365-8

110854

Sumário

Apresentação

Qual o sentido de se fazer uma novena à Santa Dulce dos Pobres?

Talvez, como ponto de partida, valha a pena trazer alguma luz sobre esses "nove" dias (e não oito, ou dez, ou quinze) que caracterizam o tempo da "novena de dias" dedicados à oração e súplica junto a Deus ou a algum santo ou santa, como é o caso deste devocionário.

Sabemos que, tanto entre o povo judeu quanto na Igreja antiga, conservava-se certo fascínio pelos números em geral enquanto portadores de uma rica simbologia: Deus, por exemplo, é "um", único, princípio sem começo nem fim; duas foram as tábuas da Lei dadas pelo próprio Deus a Moisés; quarenta é o número de dias que Noé, na arca, viveu sobre as águas do dilúvio; foi também o número de anos que povo passou no deserto, e o número de dias do "retiro" do profeta Elias: logo, esse número foi relacionado a um tempo especial de reflexão, de jejum e de oração (justamente o número quarenta encontra-se na raiz do nome da nossa "Quaresma"). Sete é um número associado ao tempo (a semana tem sete dias em função das fases da Lua) e à criação: Deus criou durante seis dias; no sétimo, "descansou", como diz o livro de Gênesis. E os exemplos do Antigo Testamento ainda poderiam continuar.

O Novo Testamento retoma esse mesmo fascínio numérico: Jesus faz alusão aos "três dias" que Jonas esteve no interior do grande peixe, e aos três dias necessários para a reconstrução do Templo (uma referência ao terceiro dia de sua ressurreição). Mais tarde, após a ressurreição, os cristãos associaram também o número oito ao Cristo: o oitavo dia, igualmente dia da ressurreição, dia da nova criação. De fato, até hoje na liturgia usamos o termo "oitava" para designar aquele espaço de tempo logo após as grandes solenidades do Senhor (Natal e Páscoa).

Se é verdade que o número oito foi também associado ao Filho, do ponto de vista da experiência natural, um número que poderia ser relacionado à figura da mulher é o número nove: é a quantidade de meses que normalmente leva uma gestação. Creio que não será um acaso que haja tantas novenas dedicadas especialmente à Maria, a Mãe do Senhor.

Contudo, o tempo de nove dias que dá origem às nossas novenas parece estar mais associado à passagem bíblica de Atos dos Apóstolos (1,14). Nesse trecho descreve-se como o núcleo primitivo da Igreja - isto é, os discípulos e discípulas reunidos em torno de Maria - esteve reunido em profunda oração durante os dias que decorreram da Ascensão do Senhor até Pentecostes (que, por sua vez, faz referência ao número cinquenta!). Tradicionalmente interpretou-se que essa reunião, na qual oração e expectativa se misturavam, tenha ocorrido durante um espaço de nove dias.

Se nessa reunião de oração o centro da expectativa era o "três vezes Santo" - como cantamos na liturgia eucarística -, começam a surgir reuniões mais "alargadas" em que, junto ao Deus Trindade, se colocam também os nossos irmãos santos e santas. Antes de tudo, é preciso lembrar que "santos" somos todos nós, os batizados, e que estamos empenhados em trilhar um caminho de santidade quotidiano que nos conduz a Deus, que é, como já dito, o Santo por excelência.

Entretanto, quando falamos em "santos", a primeira imagem que vem à nossa cabeça é a daqueles e daquelas que, tendo percorrido o nosso mesmo caminho batismal, o viveram de modo mais intenso e perfeito, de modo que, pela fé, a Igreja entende que esses nossos irmãos e irmãs, tendo chegado ao termo da caminhada terrestre, encontram-se agora já no Paraíso, junto à Trindade Santa, intercedendo por todos nós, que continuamos ainda em nosso caminhar.

Primeira dentre esses nossos irmãos e irmãs que nos precederam é certamente aquela que viveu uma relação muito especial com o próprio Jesus: Santa Maria, a Mãe do Senhor e nossa.

Considerando essa visão, creio que nossa geração é particularmente abençoada, pois tivemos a possibilidade de conhecer alguns santos ainda em vida: os Papas João XXIII, Paulo VI, João Paulo II, a Madre Teresa de Calcutá e tantos outros. Pessoalmente tive a honra de conhecer de perto uma dessas nossas irmãs: Santa Dulce dos Pobres, uma freira de aparência frágil e franzina, mas que se tornava um gigante ao trilhar os mesmos passos de Jesus, vivendo o Evangelho em primeira pessoa.

Santa Dulce, além de encarnar seu lema de vida ("amar e servir a Cristo e ao próximo"), foi uma grande divulgadora do carisma do Apostolado da Oração. Não é um acaso, portanto, que ela tenha sido proclamada aqui no Brasil a padroeira da Rede Mundial de Oração do Papa.

Enquanto esteve neste nosso mundo, além da caridade que ela praticava de maneira heroica junto aos mais pobres e desvalidos, como eu mesmo pude testemunhar, Santa Dulce dedicava-se à oração. Hoje, reconhecida como Santa pela Igreja, somos nós quem continuamos a rezar e, agora, a pedir sua intercessão junto ao nosso Deus.

Que este subsídio para a Novena à Santa Dulce dos Pobres, feito pelo jovem Everson Lima, colaborador da Rede Mundial de Oração pelo Papa e do Movimento Eucarístico Jovem, possa ser uma ótima ocasião de aprofundamento na vida espiritual de cada irmão e irmã: juntos, com Santa Dulce, continuaremos a trilhar o caminho que nos leva ao encontro de nosso próximo e dos Corações de Cristo e de Maria, nossa Mãe.

Padre Eliomar Ribeiro, SJ
Diretor Nacional da Rede Mundial
de Oração do Papa.

Introdução

Esta novena é um convite a entrar no coração de Deus pelas pegadas de uma mulher que o descobriu nos lugares mais esquecidos do mundo: entre os pobres, os doentes, os abandonados. Santa Dulce dos Pobres, a - boa irmã -, viveu com intensidade cada passo do Evangelho, e sua vida se tornou um itinerário de fé, de compaixão e de entrega.

Inspirada no Caminho do Coração da Rede Mundial de Oração do Papa, a novena nos convida a trilhar com Santa Dulce dos Pobres um itinerário espiritual em três momentos que nos ajudam a viver com mais profundidade cada um dos nove dias: abrir o coração, deixar-se transformar e servir com o coração. Esses passos não são apenas uma sequência de reflexões, mas um caminho de encontro com Deus no cotidiano, como Santa Dulce viveu - com simplicidade, fé e amor concreto aos irmãos.

Nos três primeiros dias, somos chamados a abrir o coração com gratidão e sensibilidade às pequenas alegrias da vida. Nos dias centrais, deixamo-nos tocar pela luz do amor de Deus que cura nossas feridas e desperta um desejo de recomeço. E, por fim, nos últimos dias, olhamos para o futuro com coragem e confiança, assumindo a missão de servir com o coração.

Cada dia desta novena reflete um passo desse caminho – desde a inquietação de um coração humano ferido até a missão de formar uma rede de oração e serviço. E, a cada passo, descobrimos como Santa Dulce se deixou moldar pelo Espírito, tornando-se sinal do amor misericordioso do Pai.

Este livro não é apenas uma devoção: é um apelo à conversão. Uma chance de olhar para a vida de Santa Dulce como um modelo e, com ela, renovar nosso desejo de amar como Jesus amou.

Em tempos marcados pela pressa, pelo individualismo e pela indiferença, que esta novena nos ensine a parar, escutar, compadecer e agir. Que desperte em nós um coração como o dela: simples, forte, generoso e profundamente unido ao Coração de Jesus.

Vamos juntos caminhar com Santa Dulce dos Pobres.

Que sua vida nos ajude a fazer do nosso coração uma morada de Deus, e da nossa fé um serviço aos irmãos.

PRIMEIRO MOMENTO

Abrir o coração

Nestes primeiros passos da novena, somos convidados a cultivar um olhar de gratidão. Como Santa Dulce dos Pobres, que enxergava Deus nas pequenas alegrias do cotidiano, também somos chamados a reconhecer a luz que brilha em nossa história: um gesto de carinho recebido, um sorriso inesperado, uma palavra que aqueceu a alma ou uma lembrança que reacendeu a esperança.

Santa Dulce via o extraordinário no ordinário. Sua vida simples, tecida por muitos pequenos gestos de amor, nos ensina que o amor verdadeiro não grita – ele sussurra nas entrelinhas da vida. Quando agradecemos, abrimos os olhos do coração e reconhecemos a presença silenciosa, mas real, de Deus.

Como ela, aprendamos a dizer: "Obrigada, Senhor, porque mesmo nas noites mais escuras a Tua luz nunca deixou de brilhar".

1º Dia

No princípio está o amor

Tema: "O chamado de amor na juventude – Amor que transforma".

Intenção: Que o Espírito Santo desperte em nós um coração sensível ao sofrimento dos irmãos.

ABERTURA

A – † Em nome do Pai, do Filho e do Espírito Santo. Amém.

Senhor, Deus de infinita ternura, nós nos colocamos em tua presença, atraídos pelo testemunho luminoso de tua serva, Santa Dulce dos Pobres.

Pelos caminhos estreitos da dor e do abandono, ela descobriu teu rosto escondido nos pequeninos, e fez de sua vida uma oferta viva, um Evangelho em ação.

Conduze-nos, Espírito Santo, neste itinerário de fé, para que, passo a passo, possamos ser transformados por teu amor, assim como Dulce foi, até nos tornarmos também sinais da tua compaixão no mundo.

Santa Dulce, amiga dos pobres e espelho da misericórdia, intercede por nós nesta novena.

Pela graça que humildemente te pedimos (fazer o pedido), concede-nos um coração simples, livre e generoso, capaz de amar como Jesus amou.

Amém.

A - Irmãos e irmãs, iniciamos hoje esta novena com o coração recolhido.

Vamos meditar um momento da juventude de Santa Dulce dos Pobres, quando a luz da caridade começou a brilhar em sua alma.

Peçamos a graça de acolher em nós o mesmo Espírito de compaixão e entrega.

(Breve silêncio)

Santa Dulce dos Pobres, que foste sinal da ternura de Deus entre os pequeninos, intercede por nós!

L1 - Maria Rita (Dulce) tinha apenas 13 anos.

Era ainda uma menina, mas já trazia no coração um desejo silencioso de amar a Deus nos pobres.

Num simples passeio pelas ruas de Salvador, ela se deparou com rostos marcados pela dor, olhos famintos, corpos cansados...

E ali, naquela realidade dura, algo despertou em sua alma.

L2 - Foi como se o próprio Cristo, sofredor e abandonado, a olhasse e pedisse: "Toma conta de Mim".

E Maria Rita não hesitou. Movida pelo Espírito, ela começou a recolher roupas, alimentos, lençóis.

Com o coração ardente, oferecia o que podia - e o que não podia - aos mais necessitados.

L1 - Na simplicidade de sua casa, transformou o quintal num refúgio de misericórdia.

Lavava, alimentava, cuidava dos pobres com suas próprias mãos. Ali, escondida dos olhos do mundo, mas exposta ao olhar de Deus, Maria Rita começou sua missão.

L2 - Foi um sim silencioso, mas eterno.

Um sim que ecoa até hoje nos corações que aprendem com ela que amar é servir, e que servir é encontrar o próprio Senhor no pobre.

A - Querida Santa Dulce, que, ainda tão jovem, foste tocada pela dor dos pequeninos, ajuda-nos a não ficarmos indiferentes.

Ensina-nos a perceber que cada gesto de amor pode ser uma resposta à voz de Deus em nosso coração.

T - Senhor Jesus, que escolheste os pequeninos e humildes para manifestar o Teu Reino, desperta em nós o mesmo ardor que inflamou o coração de Santa Dulce.

Que saibamos amar com gestos concretos, e reconhecer tua presença no rosto dos mais pobres.

Amém.

A - Santa Dulce dos Pobres, modelo da compaixão de Cristo, intercede por nós.

Ajuda-nos a dizer sim ao chamado do amor, mesmo nas pequenas coisas de cada dia.

HINO A SANTA DULCE
(cantemos ou rezemos juntos)[1]

Salve, Salve! Salve, Santa Dulce do amor
Veja, veja, veja os grandes feitos do Senhor

Santa Dulce tão querida e tão amada
Ontem e hoje tão venerada
Acolheu crianças, jovens, idosos e doentes
Entregues à divina caridade e à bondade.

Salve, Salve! Salve, Santa Dulce do amor
Veja, veja, veja os grandes feitos do Senhor

Dulce andou pelas ruas tão feliz com o que fazia
Foi muito além daquilo que podia
Dulce, Dulce, Dulce tão querida do Senhor
Creste no amor ao pobre
Viveu o Evangelho com ardor.

Salve, Salve! Salve, Santa Dulce do amor
Veja, veja, veja os grandes feitos do Senhor

---

1. Disponível em: <https://www.youtube.com/watch?v=aUNKAgrMDbY>. Acesso em 24 jun. 2025.

O que é Deus ficará no coração e na mente
Proclama esta canção para o mundo em ação
eternamente
Dulce do grande amor
Viveu com os pequeninos a mensagem do Senhor.

DEUS NOS FALA AO CORAÇÃO

L1 – Leitura da Carta de São Paulo aos Efésios (Efésios 1,3-4):

"Bendito seja Deus, Pai de nosso Senhor Jesus Cristo, que do céu cumulou com toda espécie de bênçãos espirituais em Cristo. Pois nos escolheu nele, antes da criação do mundo, para sermos santos e imaculados diante dele no amor."

A – Palavra do Senhor.

T – Graças a Deus.

A – O início do Caminho do Coração é um chamado à escuta: Deus nos ama primeiro. Antes de qualquer escolha, antes de qualquer obra, antes mesmo de nascermos, Ele já havia nos escolhido no amor.

L1 - Santa Dulce dos Pobres, ainda menina, foi despertando para esse amor com simplicidade. Aos 13 anos, sentiu-se movida por uma compaixão que não vinha dela mesma: uma urgência interior para cuidar, servir, amar. Por trás daquele gesto de acolher pessoas doentes em sua casa, havia uma resposta silenciosa ao chamado eterno de Deus.

L2 - Ela não começou sua missão com grandes projetos, mas com a certeza de que era amada e chamada. A confiança nesse amor foi a fonte de sua entrega. E isso nos ensina que, antes de fazermos algo por Deus, somos chamados a nos deixar amar por Ele.

L1 - A vida de Santa Dulce revela que santidade não é perfeição, mas resposta. Deus nos escolheu "para sermos santos" - ou seja, para vivermos unidos ao Seu amor, irradiando-o ao mundo com gestos concretos.

A - Para refletir em silêncio:

- Eu acredito que Deus me escolheu, amou e chamou desde sempre?

- Em que momentos da minha vida senti esse amor me tocar ou me mover?
- Como posso, como Santa Dulce, responder hoje ao chamado de Deus com pequenos gestos de amor?

Permanecer em silêncio por alguns instantes e abrir para partilha em grupo.

ALEGRIAS E PRECES

A - Hoje, neste primeiro dia da novena, agradecemos ao Senhor que nos amou desde sempre e nos escolheu para viver no seu amor.

Agradeçamos pelo dom da vida, pela fé que nos sustenta e pela vocação única que cada um recebeu. Louvemos a Deus pelo exemplo de Santa Dulce, que reconheceu esse chamado e se entregou totalmente ao amor.

Agora, com coração confiante, apresentemos nossas intenções. Quem desejar, pode expressar em voz alta seus agradecimentos ou pedidos.

(Pausa para preces espontâneas)

GESTO CONCRETO

A – O amor de Deus por nós não é só para ser contemplado, mas vivido e partilhado. Hoje, à luz da vida de Santa Dulce, somos convidados a dar pequenos passos de resposta ao chamado de Deus.

São gestos simples, mas cheios de sentido, que nos ajudam a viver com mais fé e atenção ao próximo.

Hoje, propomos três gestos concretos:

- Reservar alguns minutos do dia em silêncio, apenas para estar com Deus, deixando-se amar por Ele.
- Escrever uma pequena carta ou mensagem a alguém que precise ser lembrado de que é amado.
- Ajudar discretamente alguém ao seu redor, com um gesto de serviço, de escuta ou de cuidado.

A – Pequenos gestos, quando feitos com amor, se tornam grandes aos olhos de Deus. Que Santa Dulce nos inspire a responder com generosidade ao chamado do Senhor.

ORAÇÃO FINAL E DESPEDIDA

Animador ou todos juntos:

Senhor Jesus, nós te damos graças por esta caminhada de oração junto de tua serva fiel, Santa Dulce dos Pobres.

Ela nos inspira a amar com gestos simples e a servir com coragem mesmo nas pequenas coisas.

Ensina-nos a escutar teu Coração, a confiar em tua presença, e a reconhecer tua face nos pobres, nos doentes, nos esquecidos.

Dá-nos um coração semelhante ao teu: manso, atento, disponível.

Que a semente de tua Palavra, hoje acolhida, produza frutos de compaixão, de serviço e de entrega.

Santa Dulce dos Pobres, intercede por nós, por nossas famílias e comunidades, para que vivamos unidos a Cristo e sejamos sinais de esperança no mundo.

Amém.

Todos – Santa Dulce dos Pobres, rogai por nós!

Pai-nosso, Ave-Maria e Glória ao Pai.

A - Que a paz do Senhor permaneça em nossos corações.

Vamos em paz, levando no coração o que aqui rezamos, e vivendo com simplicidade os gestos de amor a que hoje fomos chamados.

Todos - Graças a Deus!

(Pode ser feito um canto à escolha.
Ver o *Anexo* na página 121)

2º Dia

O coração humano, inquieto e necessitado

Tema: "Meu coração tem sede de Deus".

Intenção: Que reconheçamos nossas fragilidades e deixemos Deus tocar as feridas do nosso coração.

ABERTURA

A – † Em nome do Pai, do Filho e do Espírito Santo. Amém.

Senhor, Deus de infinita ternura, nós nos colocamos em tua presença, atraídos pelo testemunho luminoso de tua serva, Santa Dulce dos Pobres.

Pelos caminhos estreitos da dor e do abandono, ela descobriu teu rosto escondido nos pequeninos, e fez de sua vida uma oferta viva, um Evangelho em ação.

Conduze-nos, Espírito Santo, neste itinerário de fé, para que, passo a passo, possamos ser transformados por teu amor, assim como Dulce foi, até nos tornarmos também sinais da tua compaixão no mundo.

Santa Dulce, amiga dos pobres e espelho da misericórdia, intercede por nós nesta novena.

Pela graça que humildemente te pedimos, (fazer o pedido), concede-nos, um coração simples, livre e generoso, capaz de amar como Jesus amou.

Amém.

Pai-nosso, Ave-Maria e Glória ao Pai.

L1 – Santa Dulce dos Pobres conheceu de perto a dor do ser humano.

Ela viu os corações feridos pela miséria, pela solidão, pela indiferença.

Mas também descobriu, no mais profundo de si mesma, um coração inquieto, sedento de um amor maior.

L2 – Hoje, vamos deixar o Senhor olhar o nosso próprio coração: as feridas que escondemos, as angústias que nos pesam, os vazios que pedem sentido.

(Breve silêncio)

T - Santa Dulce dos Pobres, mulher de compaixão, intercede por nós junto ao Coração de Jesus!

A - Mesmo jovem, Maria Rita experimentava uma inquietação interior.

A vida comum não lhe bastava.

Os estudos, os passeios, as conversas... Tudo parecia insuficiente.

Dentro dela havia uma sede que o mundo não conseguia saciar.

L1 - Era a sede de um amor mais profundo. A sede de um sentido que não passasse com o tempo. Um chamado silencioso a viver por algo maior do que ela mesma.

Seu coração, como o nosso, também era necessitado, frágil, limitado. Mas foi justamente nessa pobreza interior que Deus fez morada.

L2 - Diante da dor do outro, o coração de Maria Rita se reconhecia também necessitado. Ela compreendia: "O que me falta, também falta a eles. O que eu busco é o que eles choram por não ter". E assim, com humildade, começou a transformar sua inquietação em compaixão.

L1 - Santa Dulce aprendeu que a cura do nosso coração passa pelo encontro com o sofrimento do outro. Ao amar os mais pobres, ela mesma foi sendo curada. E sua inquietação se tornou entrega. Seu vazio, morada de Deus.

A - Peçamos ao Senhor que nos conceda a graça de acolher as inquietações do nosso coração, não com medo, mas com fé. Que Ele nos ensine, como ensinou a Santa Dulce, a transformar nossos limites em caminhos de amor.

T - Senhor, nosso coração é pequeno e ferido, mas nele colocaste a sede do Infinito.

Não nos deixes fugir das nossas inquietações, mas ajuda-nos a escutá-las com coragem, para que, como Santa Dulce, descubramos que só em ti nosso coração encontra paz.

Amém.

A - Santa Dulce dos Pobres, que acolheste tua sede profunda como sinal do chamado de Deus, ensina-nos a caminhar com confiança, mesmo em meio à inquietação.

HINO A SANTA DULCE

(cantemos ou rezemos juntos)

Salve, Salve! Salve, Santa Dulce do amor
Veja, veja, veja os grandes feitos do Senhor

Santa Dulce tão querida e tão amada
Ontem e hoje tão venerada
Acolheu crianças, jovens, idosos e doentes
Entregues à divina caridade e à bondade.

Salve, Salve! Salve, Santa Dulce do amor
Veja, veja, veja os grandes feitos do Senhor

Dulce andou pelas ruas tão feliz com o que fazia
Foi muito além daquilo que podia
Dulce, Dulce, Dulce tão querida do Senhor
Creste no amor ao pobre
Viveu o Evangelho com ardor.

Salve, Salve! Salve, Santa Dulce do amor
Veja, veja, veja os grandes feitos do Senhor

O que é Deus ficará no coração e na mente
Proclama esta canção para o mundo em ação eternamente
Dulce do grande amor
Viveu com os pequeninos a mensagem do Senhor.

DEUS NOS FALA AO CORAÇÃO

L1 – Salmo 62(63),2.
A – A minha alma tem sede de vós.
T – A minha alma tem sede de vós.

"Senhor, sois o meu Deus, desde a aurora vos procuro. A minha alma tem sede de vós como terra árida, sequiosa, sem água."

A - A minha alma tem sede de vós.

T - A minha alma tem sede de vós.

A - Desde as primeiras luzes do dia, o salmista expressa um desejo ardente por Deus. Não é apenas uma oração, mas um grito do coração: "Tenho sede de ti!". Essa sede é mais que física - é sede de sentido, de presença, de amor. O coração humano, limitado e ferido, carrega dentro de si um clamor que só Deus pode escutar e saciar.

L1 - Assim era também o coração de Maria Rita. Ainda jovem, antes de se tornar Santa Dulce dos Pobres, ela já trazia dentro de si uma inquietação que o mundo não podia responder. Seus passos foram guiados por essa sede profunda- e foi justamente ao cuidar da sede dos outros, ao aliviar a dor dos pobres e dos esquecidos, que ela mesma foi sendo saciada por Deus.

L2 - Esse salmo nos ensina que não devemos apagar ou ignorar essa sede interior. Pelo contrário: é nela que Deus nos espera. É nesse "chão seco" da alma que Ele deseja fazer brotar a fonte da vida verdadeira.

A - Para refletir em silêncio:

- Em que momentos da minha vida percebo com mais força essa sede interior de Deus?
- Tenho procurado saciar meu coração em Deus ou em coisas passageiras?
- O que em mim ainda resiste a se abrir como terra seca para receber a água do Espírito?

Permanecer em silêncio por alguns instantes e abrir para partilha em grupo.

ALEGRIAS E PRECES

A - Santa Dulce dos Pobres reconheceu, no próprio coração inquieto, um chamado de Deus. Ao acolher suas fragilidades, aprendeu a escutar a dor do outro e a transformar a sede em compaixão.

Também nós queremos apresentar ao Senhor as nossas sedes, nossas dores, e tudo o que carregamos em silêncio.

Vamos, com simplicidade, elevar nossas preces e agradecimentos. Quem desejar pode partilhar em voz alta ou em silêncio o que traz no coração.

(Pausa para preces espontâneas)

GESTO CONCRETO

Santa Dulce nos ensina que a sede mais profunda do ser humano não é apenas de pão ou abrigo, mas de sentido, de escuta, de amor. Hoje, somos convidados a não ignorar nossas inquietações, mas transformá-las em encontros. Quando acolhemos a nossa sede com humildade, também somos capazes de reconhecer e de cuidar da sede dos outros. Que nossas ações de hoje sejam respostas silenciosas à sede de Deus que grita em tantos corações.

Hoje, propomos três gestos concretos:

- Silencie por alguns minutos diante de Deus; sem pedir nada, apenas reconheça a sede do seu coração e diga: "Senhor, estou aqui. Tenho sede de ti".
- Ouça alguém com atenção verdadeira – Dê ao outro a sua escuta inteira, sem julgamentos ou pressa. Muitas vezes, o que mais falta às pessoas é alguém que as acolha com o coração.
- Ofereça algo a alguém que está esquecido. Pode ser uma palavra, um alimento, uma visita, uma mensagem. O que para você é pequeno

pode ser um alívio para quem tem sede de consolo.

ORAÇÃO FINAL E DESPEDIDA

Animador ou todos juntos:

Senhor, nosso Deus, tu conheces o nosso coração inquieto e necessitado.

Tu vês as sedes escondidas, as feridas abertas, os silêncios que pesam.

Hoje, mais uma vez, colocamos tudo em tuas mãos.

Tu nos chamas a não fugir do vazio, mas a atravessá-lo contigo, porque é aí, na terra seca da alma, que tua fonte começa a brotar.

Assim como fizeste na vida de Santa Dulce dos Pobres, transforma também em nós a inquietação em compaixão, a carência em serviço, a fragilidade em morada tua.

Dá-nos a graça de seguir caminhando contigo, com um coração mais aberto, mais livre, mais sensível às dores do mundo.

Que a tua Palavra nos ilumine e que o exemplo de Santa Dulce nos inspire.

Todos – Santa Dulce dos Pobres, rogai por nós!

Pai-nosso, Ave-Maria e Glória ao Pai.

A – Vamos em paz, com o coração entregue e com os olhos fixos no Amor.

(Pode ser feito um canto à escolha.
Ver o *Anexo* na página 121)

3º Dia

Em um mundo sem coração

Tema: "Amar em meio à dor".

Intenção: Que sejamos sinal de ternura em um mundo ferido pela indiferença.

ABERTURA

A – † Em nome do Pai, do Filho e do Espírito Santo. Amém.

Senhor, Deus de infinita ternura, nós nos colocamos em tua presença, atraídos pelo testemunho luminoso de tua serva, Santa Dulce dos Pobres.

Pelos caminhos estreitos da dor e do abandono, ela descobriu teu rosto escondido nos pequeninos, e fez de sua vida uma oferta viva, um Evangelho em ação.

Conduze-nos, Espírito Santo, neste itinerário de fé, para que, passo a passo, possamos ser transformados por teu amor, assim como Dulce foi, até nos tornarmos também sinais da tua compaixão no mundo.

Santa Dulce, amiga dos pobres e espelho da misericórdia, intercede por nós nesta novena.

Pela graça que humildemente te pedimos (fazer o pedido), concede-nos um coração simples, livre e generoso, capaz de amar como Jesus amou.

Amém.

A - Vivemos em um mundo marcado por violências e desprezo pelos pequeninos.

Santa Dulce dos Pobres caminhou entre os esquecidos, sem se deixar endurecer.

Hoje, deixemos que o Senhor toque nosso coração, para que não se feche diante da dor.

L1 - Nas ruas de Salvador, Maria Rita via cenas duras: doentes largados nas calçadas, crianças famintas, idosos abandonados. Era um mundo que parecia ter perdido o coração. Mas ela não se acostumou com isso. Ela se recusou a aceitar que a indiferença fosse normal.

L2 – Enquanto muitos desviavam o olhar, ela se aproximava. Enquanto outros julgavam, ela tocava, abraçava, acolhia. Sua vida foi um protesto silencioso contra o abandono.

Em um mundo sem coração, ela foi coração de Deus entre os pobres.

T – Senhor Jesus, teu Coração se compadece do nosso mundo ferido.

Não deixes que sejamos insensíveis diante da dor do irmão. Dá-nos, como Santa Dulce, um coração aberto, capaz de amar mesmo onde tudo parece perdido.

HINO A SANTA DULCE

(cantemos ou rezemos juntos)

Salve, Salve! Salve, Santa Dulce do amor
Veja, veja, veja os grandes feitos do Senhor

Santa Dulce tão querida e tão amada
Ontem e hoje tão venerada
Acolheu crianças, jovens, idosos e doentes
Entregues à divina caridade e à bondade.

Salve, Salve! Salve, Santa Dulce do amor
Veja, veja, veja os grandes feitos do Senhor

Dulce andou pelas ruas tão feliz com o que fazia
Foi muito além daquilo que podia
Dulce, Dulce, Dulce tão querida do Senhor
Creste no amor ao pobre
Viveu o Evangelho com ardor.

Salve, Salve! Salve, Santa Dulce do amor
Veja, veja, veja os grandes feitos do Senhor

O que é Deus ficará no coração e na mente
Proclama esta canção para o mundo em ação
eternamente
Dulce do grande amor
Viveu com os pequeninos a mensagem do Senhor.

DEUS NOS FALA AO CORAÇÃO

L1 – Proclamação do Evangelho segundo São João (Jo 1,9-10).

T – Glória a vós, Senhor!

"O Verbo era a luz, a verdadeira luz que, vindo ao mundo, ilumina todo homem. Ele estava no mundo, e o mundo foi feito por ele, mas o mundo não o reconheceu."

A – Palavra da Salvação.
T – Glória a vós, Senhor!

A – Mesmo cercado de escuridão e indiferença, Jesus é a Luz que veio para tocar cada coração. Mas nem todos o reconheceram. Em um mundo que rejeita a ternura, Ele continua entrando discretamente nas dores humanas – e espera ser acolhido.

L1 – Santa Dulce dos Pobres reconheceu essa Luz escondida nos rostos mais esquecidos. Quando muitos desviavam o olhar, ela se aproximava. Sua vida foi uma resposta silenciosa ao convite de Jesus: amar onde há frieza, curar onde há rejeição, acender a chama da compaixão onde tudo parece escuro.

L2 – Seguindo o Caminho do Coração, somos convidados a deixar Cristo iluminar nossa sensibilidade. Não basta ver a dor – é preciso deixar-se tocar por ela.

A - Três perguntas para refletir em silêncio:

- Onde, hoje, eu sou tentado a fechar meu coração por medo ou indiferença?
- Em quem, nesta semana, deixei de reconhecer a presença de Cristo?
- Como posso ser sinal da Luz de Jesus na vida de alguém esquecido?

Permanecer em silêncio por alguns instantes e abrir para partilha em grupo.

ALEGRIAS E PRECES

A - Damos graças a Deus porque, mesmo em meio à frieza do mundo, seu amor continua presente e operante.

Agradecemos por toda compaixão silenciosa que brota nos corações fiéis.

Louvamos o testemunho de Santa Dulce, que escolheu ser coração vivo de Deus entre os pobres.

Com fé, elevemos agora nossas preces espontâneas, confiando que Ele nos escuta.

(Pausa para preces espontâneas)

GESTO CONCRETO

A – Hoje, peçamos a graça de um coração atento e sensível, que não se acostume com a indiferença, mas que responda com gestos de ternura à presença de Cristo nos esquecidos.

Três gestos concretos de hoje:

- Olhar nos olhos de quem você costuma passar apressado.
- Evitar palavras duras ou julgamentos precipitados.
- Fazer algo concreto por alguém que costuma ser ignorado.

ORAÇÃO FINAL E DESPEDIDA

Animador ou todos juntos:

Senhor Jesus, tu és a luz verdadeira que veio ao mundo para iluminar cada pessoa, mas tantas vezes não te reconhecemos nos rostos marcados pela dor.

Dá-nos um coração novo, capaz de enxergar a tua presença nos que são deixados de lado.

Liberta-nos da pressa, da indiferença e do medo de amar.

Que, como Santa Dulce dos Pobres, tenhamos coragem de nos aproximar dos esquecidos, de tocar com ternura as feridas deste mundo, de ser presença viva do teu amor onde houver frieza e abandono.

Faz de nós instrumentos da tua compaixão, para que cada gesto nosso desperte esperança, e cada palavra leve consolo.

Santa Dulce, intercede por nós, para que o nosso coração nunca se feche diante da dor, mas se abra como o teu: firme na fé, simples no amor, e sempre pronto a servir.

Todos – Santa Dulce dos Pobres, rogai por nós!

Pai-nosso, Ave-Maria e Glória ao Pai.

A – Vamos agora seguir decididos a ser presença de Deus onde houver abandono.

Que cada olhar, palavra e gesto nosso seja luz onde houver escuridão, e que o nosso coração permaneça aberto, como o de Cristo.

Vamos em paz... E que a compaixão nos guie!

(Pode ser feito um canto à escolha.
Ver o *Anexo* na página 121)

SEGUNDO MOMENTO

Ouvir os passos do amor

À luz do amor de Deus, começamos a perceber o que ainda precisa ser curado dentro de nós. Santa Dulce sabia bem o que significava enfrentar limites - a saúde frágil, as dificuldades constantes, as portas fechadas. Mas ela nunca deixou que isso a paralisasse. Pelo contrário, reconhecia suas fragilidades e as entregava com confiança nas mãos do Pai.

Este momento da novena não é sobre nos culpar ou nos envergonhar, mas sobre deixar que a luz de Cristo ilumine as sombras do nosso coração. O que nos tira a paz? O que nos impede de amar como poderíamos? O que nos seca por dentro?

O perdão que buscamos não é merecido, é dom. E Santa Dulce confiava nesse dom todos os dias. Que possamos, como ela, abrir espaço dentro de nós para a misericórdia de Deus e dizer com humildade e esperança: "Senhor, recomeça comigo hoje".

4º Dia

O Pai envia seu Filho para salvar

Tema: "Encarnar o amor".

Intenção: Que reconheçamos Jesus presente nos pobres e pequeninos.

ABERTURA

A – † Em nome do Pai, do Filho e do Espírito Santo. Amém.

Senhor, Deus de infinita ternura, nós nos colocamos em tua presença, atraídos pelo testemunho luminoso de tua serva, Santa Dulce dos Pobres.

Pelos caminhos estreitos da dor e do abandono, ela descobriu teu rosto escondido nos pequeninos, e fez de sua vida uma oferta viva, um Evangelho em ação.

Conduze-nos, Espírito Santo, neste itinerário de fé, para que, passo a passo, possamos ser transformados por teu amor, assim como Dulce foi, até nos tornarmos também sinais da tua compaixão no mundo.

Santa Dulce, amiga dos pobres e espelho da misericórdia, intercede por nós nesta novena.

Pela graça que humildemente te pedimos (fazer o pedido), concede-nos um coração simples, livre e generoso, capaz de amar como Jesus amou.

Amém.

L1 – Para Maria Rita, cada pobre era o próprio Cristo. Quando cuidava dos doentes, dizia: "É Jesus que está aqui".

Ela enxergava com os olhos da fé. E, por isso, amava com o coração do Pai.

L2 – Jesus foi o modelo, a inspiração, o companheiro da missão. Ela o encontrava na Eucaristia e o levava para a rua. Não havia separação entre oração e ação. Tudo era resposta de amor ao Deus que veio nos salvar.

Todos – Senhor, nosso Deus, tu nos enviaste teu Filho para nos amar e salvar.

Dá-nos a graça de reconhecer Jesus em cada pessoa que sofre, como fez Santa Dulce dos Pobres. Faz de nós servidores do teu Reino.

HINO A SANTA DULCE

(cantemos ou rezemos juntos)

Salve, Salve! Salve, Santa Dulce do amor
Veja, veja, veja os grandes feitos do Senhor

Santa Dulce tão querida e tão amada
Ontem e hoje tão venerada
Acolheu crianças, jovens, idosos e doentes
Entregues à divina caridade e à bondade.

Salve, Salve! Salve, Santa Dulce do amor
Veja, veja, veja os grandes feitos do Senhor

Dulce andou pelas ruas tão feliz com o que fazia
Foi muito além daquilo que podia
Dulce, Dulce, Dulce tão querida do Senhor
Creste no amor ao pobre
Viveu o Evangelho com ardor.

Salve, Salve! Salve, Santa Dulce do amor
Veja, veja, veja os grandes feitos do Senhor

O que é Deus ficará no coração e na mente
Proclama esta canção para o mundo em ação eternamente
Dulce do grande amor
Viveu com os pequeninos a mensagem do Senhor.

DEUS NOS FALA AO CORAÇÃO

L1 - Proclamação do Evangelho segundo São João (Jo 3,16-17).
T - Glória a vós, Senhor!

"Deus amou tanto o mundo, que deu seu Filho único, para que todo o que crer nele não morra, mas tenha a vida eterna. Porque Deus não mandou o seu Filho ao mundo para condenar o mundo, mas para que o mundo seja salvo por ele."

A - Palavra da Salvação.
T - Glória a vós, Senhor!

A – "Deus amou tanto o mundo" – é assim que começa um dos versículos mais conhecidos da Escritura. Mas, para Santa Dulce, esse não era apenas um versículo bonito: era um modo de viver. O amor de Deus se fez carne em Jesus, e ela aprendeu a reconhecer essa presença em cada pobre, doente e abandonado. Santa Dulce acreditava profundamente que o amor de Deus não veio para condenar, mas para curar, levantar, salvar.

L1 – Jesus não veio apenas ensinar o amor. Ele encarnou o amor, fez-se pobre entre os pobres. E Maria Rita entendeu isso desde muito jovem: quem ama de verdade vai até onde o outro está, entra em sua dor, toca suas feridas. Foi isso que ela fez, quando improvisou os primeiros leitos em um galinheiro, quando carregava doentes nos braços pelas ruas de Salvador, ou quando enfrentava autoridades para defender os esquecidos.

L2 – O Caminho do Coração nos convida a contemplar o amor do Pai que envia o Filho – e a permitir que esse amor se torne concreto em nós. Santa Dulce nos ensina que não há separação entre fé e caridade, entre oração e serviço. Onde há compaixão encarnada, ali está Jesus.

L1 - Ela mesma dizia: "O importante é fazer a caridade, não olhar a quem". Esse amor sem medidas e sem condições é o reflexo do próprio coração de Deus.

A - Três perguntas para refletir em silêncio:

- Onde e em quem Jesus tem me esperado, desejando ser reconhecido e acolhido?
- O que me impede de encarnar esse amor com gestos concretos?
- Como posso deixar que a compaixão de Deus passe por mim hoje?

Permanecer em silêncio por alguns instantes e abrir para partilha em grupo.

ALEGRIAS E PRECES

A - Agradeçamos ao Pai por nos ter enviado seu Filho Jesus, rosto visível de seu amor.

Louvemos a salvação que Ele nos oferece e que Santa Dulce acolheu e anunciou com a vida.

Agradeçamos também por todas as vezes em que fomos alcançados pela bondade divina.

Com coração grato e confiante, apresentemos nossas preces espontâneas.

(Pausa para preces espontâneas)

GESTO CONCRETO

A - O amor do Pai se revelou em Jesus, que desceu até nossa miséria. Santa Dulce também "desceu" às realidades esquecidas, tornando-se presença de Deus.

Três gestos concretos de hoje:

- Ler com calma um trecho do Evangelho, como quem escuta uma carta do Pai.
- Visitar alguém doente, solitário ou em situação de sofrimento.
- Oferecer ajuda em algo que você normalmente não faria.

ORAÇÃO FINAL E DESPEDIDA

Animador ou todos juntos:

Senhor Jesus, Filho amado do Pai, tu vieste ao nosso encontro com um amor que salva e levanta. Fizeste-te pobre entre os pobres para nos mostrar o caminho do coração.

Dá-nos um olhar como o de Santa Dulce, capaz de te reconhecer nos rostos marcados pela dor, nos corpos cansados, nos corações esquecidos.

Ensina-nos a encarnar o amor com gestos simples, a servir sem esperar recompensa, a viver a fé como resposta concreta ao teu chamado.

Torna-nos instrumentos da tua compaixão, para que, como Maria Rita, possamos dizer com a vida: "É Jesus que está aqui".

Todos – Santa Dulce dos Pobres, rogai por nós!

Pai-nosso, Ave-Maria e Glória ao Pai.

L1 – Hoje, ouvimos que Deus amou tanto o mundo, que nos deu seu Filho como presente de salvação. Que possamos viver como quem acolheu esse presente, tornando-nos também dom para os outros.

L2 – Levem com vocês a certeza: Jesus continua a se encarnar no meio dos pequeninos. E, como Santa Dulce dos Pobres, somos chamados a ser o abraço, o olhar e o cuidado de Deus no mundo.

A – Vamos, com alegria, encarnar o amor!

(Pode ser feito um canto à escolha.
Ver o *Anexo* na página 121)

5º Dia

Chama-nos seus amigos

Tema: "A amizade que envia".

Intenção: Que cultivemos a intimidade com Jesus em meio à missão.

ABERTURA

A - † Em nome do Pai, do Filho e do Espírito Santo. Amém.

Senhor, Deus de infinita ternura, nós nos colocamos em tua presença, atraídos pelo testemunho luminoso de tua serva, Santa Dulce dos Pobres.

Pelos caminhos estreitos da dor e do abandono, ela descobriu teu rosto escondido nos pequeninos, e fez de sua vida uma oferta viva, um Evangelho em ação.

Conduze-nos, Espírito Santo, neste itinerário de fé, para que, passo a passo, possamos ser transformados por teu amor, assim como Dulce foi, até nos tornarmos também sinais da tua compaixão no mundo.

Santa Dulce, amiga dos pobres e espelho da misericórdia, intercede por nós nesta novena.

Pela graça que humildemente te pedimos (fazer o pedido), concede-nos um coração simples, livre e generoso, capaz de amar como Jesus amou.

Amém.

L1 - Antes de cuidar dos pobres, Santa Dulce cuidava do seu coração. A oração era sua força. Passava horas diante do Santíssimo, em silêncio. Lá, ouvia Jesus, seu Amigo e Senhor.

L2 - Essa amizade dava sentido a tudo. Era com Jesus que ela conversava quando faltava tudo. Era a Ele que confiava seus doentes, seus pedidos, suas lágrimas. E era dele que vinha a paz que ela transmitia a todos.

T - Jesus, nosso Amigo fiel, ensina-nos a permanecer contigo, a ouvir tua voz no silêncio, a caminhar contigo nas estradas do mundo.

Que nossa amizade contigo se transforme em serviço generoso, como foi na vida de Santa Dulce.

Amém.

HINO A SANTA DULCE

(cantemos ou rezemos juntos)

Salve, Salve! Salve, Santa Dulce do amor
Veja, veja, veja os grandes feitos do Senhor

Santa Dulce tão querida e tão amada
Ontem e hoje tão venerada
Acolheu crianças, jovens, idosos e doentes
Entregues à divina caridade e à bondade.

Salve, Salve! Salve, Santa Dulce do amor
Veja, veja, veja os grandes feitos do Senhor

Dulce andou pelas ruas tão feliz com o que fazia
Foi muito além daquilo que podia
Dulce, Dulce, Dulce tão querida do Senhor
Creste no amor ao pobre
Viveu o Evangelho com ardor.

Salve, Salve! Salve, Santa Dulce do amor
Veja, veja, veja os grandes feitos do Senhor

O que é Deus ficará no coração e na mente
Proclama esta canção para o mundo em ação
eternamente
Dulce do grande amor
Viveu com os pequeninos a mensagem do Senhor.

DEUS NOS FALA AO CORAÇÃO

L1 – Proclamação do Evangelho segundo São João (Jo 15,15-17).

T – Glória a vós, Senhor!

"Já não vos chamo de servidores, pois o que serve não sabe o que faz o senhor, mas eu vos chamo de amigos, porque vos dei a conhecer tudo quanto ouvi de meu pai. Não fostes vós que me escolhestes, mas eu vos escolhi e vos mandei ir e produzir fruto, um fruto que dure. Então, o Pai concederá tudo quanto pedirdes em meu nome. Isto vos ordeno: amai-vos uns aos outros."

A - Palavra da Salvação.
T - Glória a vós, Senhor!

A - Jesus nos chama de amigos. Não apenas servos, nem apenas seguidores - amigos. É uma palavra que aquece o coração. A amizade verdadeira, como a de Jesus, não é feita de interesses, mas de entrega, de confiança e de intimidade. É uma amizade que escuta, que partilha segredos, que se deixa conhecer por inteiro.

L1 - Santa Dulce viveu assim: foi amiga de Jesus antes de ser serva dos pobres. Na intimidade com Ele, ela descobriu o rosto escondido do Senhor nos mais sofridos. Foi essa amizade profunda, cultivada no silêncio e na oração, que a tornou capaz de dar a vida, dia após dia, mesmo em meio às dificuldades, cansaços e escassez.

L2 - Jesus a escolheu, como escolhe a nós, e a enviou. A verdadeira amizade com Cristo não nos fecha em nós mesmos, mas nos coloca em movimento. Ela nos envia ao mundo com um coração moldado pelo dele: simples, livre e generoso. É o "caminho do coração", que começa na escuta e na presença diante de Deus e floresce no cuidado com o outro.

L1 - Santa Dulce nos mostra que não basta fazer o bem - é preciso fazê-lo com o coração cheio de Deus. Só assim nosso serviço se torna fruto que permanece, fruto que salva e transforma. Ser amigo de Jesus é permitir que o amor dele transborde em nós e, através de nós, alcance o mundo.

A - Para refletir em silêncio:

- Tenho cultivado minha amizade com Jesus no silêncio e na oração?
- Que frutos a minha vida tem produzido a partir dessa amizade com Ele?
- A quem Jesus está me enviando hoje para amar como Ele amou?

Permanecer em silêncio por alguns instantes e abrir para partilha em grupo.

A - Jesus, Amigo fiel, ensina-nos a caminhar contigo no silêncio e na missão. Que, como Santa Dulce, nossa amizade contigo se torne fonte de compaixão para o mundo. Dá-nos um coração simples, livre e generoso.

ALEGRIAS E PRECES

A - Hoje damos graças a Jesus, que nos chama à amizade verdadeira com Ele.

Louvamos por sua confiança em nós e por nos permitir caminhar a seu lado.

Agradeçamos por todas as amizades que nos aproximam de Deus, e pelo exemplo de Santa Dulce, amiga fiel de Cristo nos pobres.

Com espírito fraterno, abramos agora espaço para as preces espontâneas.

(Pausa para preces espontâneas)

GESTO CONCRETO

A - Jesus não nos chama servos, mas amigos. Santa Dulce cultivava essa amizade com Ele na oração silenciosa e no serviço. E nós, como estamos cuidando dessa amizade?

Três gestos concretos de hoje:

- Fazer uma oração pessoal, como uma conversa entre amigos.
- Escrever ou ligar para alguém com quem você deseja retomar a amizade.
- Fazer um gesto gratuito, sem esperar nada em troca.

ORAÇÃO FINAL E DESPEDIDA

Animador ou todos juntos:

Senhor Jesus, nos colocamos diante de ti com gratidão profunda, porque nos chamas não apenas ao serviço, mas à amizade contigo - uma amizade que transforma, envia e dá sentido à vida.

Tu nos escolheste, Senhor, mesmo com nossas fragilidades, e nos confias a missão de amar, de cuidar, de sermos sinais do teu coração no mundo. Como Santa Dulce, queremos cultivar essa amizade no silêncio da oração, onde tua voz nos consola, nos orienta e nos envia.

Dá-nos, Senhor, um coração que escuta, um coração que permanece em ti, um coração capaz de amar sem medidas, como tu nos amaste. Que a força da amizade contigo nos torne generosos, e que os frutos da nossa vida sejam sementes de esperança, de justiça e de paz.

Santa Dulce, amiga dos pobres e do Coração de Jesus, intercede por nós, para que nunca nos falte coragem, fé e compaixão.

Amém.

Todos - Santa Dulce dos Pobres, rogai por nós!

Pai-nosso, Ave-Maria e Glória ao Pai.

L1 - Como Santa Dulce, sejamos amigos de Jesus - amigos de verdade, que o escutam, o seguem e o servem com amor. Voltemos para a vida com o coração repleto dessa amizade que consola, envia e frutifica.

L2 - Permaneçamos com Ele em tudo: nos nossos silêncios e nas nossas lutas, nos momentos de alegria e nos de provação. E, quando faltar força, lembremo-nos: fomos escolhidos por Jesus, e Ele caminha conosco.

L1 - Que esta amizade divina nos impulsione a sermos, como Santa Dulce, um Evangelho vivo, uma presença de compaixão, um abraço de Deus para os que sofrem.

A - Vamos em paz, com um coração disponível e generoso.

(Pode ser feito um canto à escolha.
Ver o *Anexo* na página 121)

6º Dia

Habitados por Cristo

Tema: "Cristo vive em mim".

Intenção: Que deixemos Cristo transformar o nosso interior.

ABERTURA

A – † Em nome do Pai, do Filho e do Espírito Santo. Amém.

Senhor, Deus de infinita ternura, nós nos colocamos em tua presença, atraídos pelo testemunho luminoso de tua serva, Santa Dulce dos Pobres.

Pelos caminhos estreitos da dor e do abandono, ela descobriu teu rosto escondido nos pequeninos, e fez de sua vida uma oferta viva, um Evangelho em ação.

Conduze-nos, Espírito Santo, neste itinerário de fé, para que, passo a passo, possamos ser transformados por teu amor, assim como Dulce foi, até nos tornarmos também sinais da tua compaixão no mundo.

Santa Dulce, amiga dos pobres e espelho da misericórdia, intercede por nós nesta novena.

Pela graça que humildemente te pedimos (fazer o pedido), concede-nos um coração simples, livre e generoso, capaz de amar como Jesus amou.

Amém.

A - Santa Dulce não apenas falava de Jesus: ela o carregava dentro de si. Sua presença transformava ambientes. Era Cristo quem agia através dela.

L1 - Mesmo cansada, Santa Dulce irradiava paz. Mesmo doente, transmitia esperança. Sua presença acalmava os corações. Era sinal de que Cristo a habitava profundamente.

L2 - Ela permitiu que o Senhor tomasse posse da sua vida. Rezava: "Senhor, se quiseres, podes tudo em mim". E assim foi se tornando reflexo vivo do Evangelho.

T - Senhor Jesus, entra em nosso coração, transforma-o por dentro. Habita em nós com tua paz, tua luz, tua ternura. Que, como Santa Dulce, sejamos instrumentos do teu amor no mundo.

HINO A SANTA DULCE
(cantemos ou rezemos juntos)

Salve, Salve! Salve, Santa Dulce do amor
Veja, veja, veja os grandes feitos do Senhor

Santa Dulce tão querida e tão amada
Ontem e hoje tão venerada
Acolheu crianças, jovens, idosos e doentes
Entregues à divina caridade e à bondade.

Salve, Salve! Salve, Santa Dulce do amor
Veja, veja, veja os grandes feitos do Senhor

Dulce andou pelas ruas tão feliz com o que fazia
Foi muito além daquilo que podia
Dulce, Dulce, Dulce tão querida do Senhor
Creste no amor ao pobre
Viveu o Evangelho com ardor.

Salve, Salve! Salve, Santa Dulce do amor
Veja, veja, veja os grandes feitos do Senhor

O que é Deus ficará no coração e na mente
Proclama esta canção para o mundo em ação
eternamente
Dulce do grande amor
Viveu com os pequeninos a mensagem do Senhor.

DEUS NOS FALA AO CORAÇÃO

L1 – Proclamação do Evangelho segundo São João (Jo 15,4-5.8-9).

T – Glória a vós, Senhor!

"Permanecei em mim, como eu em vós. Como um ramo que, se não permanecer na videira, não poderá dar fruto por si mesmo, assim também vós, se não permanecerdes em mim. Eu sou a videira, vós, os ramos. Quem permanece em mim, e eu nele, produz muito fruto, porque sem mim nada podeis fazer. [...] Meu Pai é glorificado nisto: em que produzais muito fruto e vos comporteis como meus discípulos.

Como o Pai me ama, assim também eu vos amo. Permanecei no meu amor."

A - Palavra da Salvação.
T - Glória a vós, Senhor!

A - Há uma presença que muda tudo. Quando Cristo habita em nós, nossa vida se transforma por dentro - e aos poucos, sem alarde, vai também transformando o mundo ao redor.

L1 - Santa Dulce dos Pobres é um testemunho vivo disso. Ela não se limitava a fazer o bem por obrigação ou por projeto social: ela era movida por uma presença. Cristo morava em seu coração, e por isso cada gesto, cada palavra, cada decisão nascia de um amor que não era só seu. Era o próprio Cristo nela.

L2 - Ela costumava dizer: "Se Deus quiser, Ele pode tudo em mim". Não se tratava de uma falsa humildade, mas da certeza de que, unida ao Senhor, sua fraqueza se tornava força, seu silêncio se tornava oração, sua fragilidade se tornava fecunda.

A - No Evangelho de hoje, Jesus nos convida a permanecer nele como os ramos na videira. Isso não é apenas uma metáfora bonita, é um chamado radical: deixar que a seiva de Cristo, isto é, seu Espírito, corra dentro de nós e nos dê vida verdadeira.

L1 - Quando permitimos que Ele nos habite, deixamos de reagir com pressa, medo ou orgulho. Passamos a responder com mansidão, com paciência, com verdade. Deixamos de apenas "fazer coisas boas" e começamos a ser sinal do Amor.

L2 - Santa Dulce nos mostra que essa transformação é possível. Não porque ela fosse extraordinária por si mesma, mas porque permitiu que o extraordinário vivesse dentro dela.

A - Hoje, diante da sua vida e da Palavra de Deus, somos convidados a abrir as portas do nosso interior. Não com medo, mas com confiança. Cristo deseja entrar, transformar e habitar em nós.

T - Se Ele viver em nós, nossa vida já não será só nossa: será dele, para os outros.

A - Para refletir em silêncio:

- O que em mim ainda resiste à presença de Cristo?
- Em que situações eu percebo que agi por impulso, e não por amor?
- Como posso cultivar, no dia a dia, esse permanecer em Jesus que transforma o meu interior?

Permanecer em silêncio por alguns instantes e abrir para partilha em grupo.

ALEGRIAS E PRECES

A - Agradeçamos a Deus por habitar em nós com Seu Espírito e transformar nossa vida em lugar sagrado.

Louvemos por toda presença de Cristo em nosso cotidiano, especialmente nos mais humildes.

Agradeçamos por Santa Dulce, que se tornou morada viva de Cristo em sua entrega silenciosa.

Convidamos agora à apresentação das preces espontâneas.

(Pausa para preces espontâneas)

GESTO CONCRETO

A – Cristo deseja fazer morada em nós. Santa Dulce deixava transparecer essa presença mesmo sem palavras. Hoje somos chamados a ser sinal vivo de Cristo no mundo.

Três gestos concretos de hoje:

- Começar o dia com a oração: "Senhor, habita em mim hoje".
- Evitar toda reclamação ou murmuração, cultivando um coração sereno.
- Cuidar do corpo e do ambiente como templo da presença de Deus.

ORAÇÃO FINAL E DESPEDIDA

Animador ou todos juntos:

Senhor Jesus, tu que desejas habitar em nossos corações, entra em nossa vida com tua luz e tua paz.

Como a videira sustenta os ramos, sustenta-nos com teu amor. Como sustentaste Santa Dulce nos caminhos difíceis, sustenta-nos também em nossas lutas diárias.

Queremos ser tua morada, Senhor!

Vem purificar o que está ferido, iluminar o que está confuso, acalmar o que está agitado.

Habita em nós com tua presença viva, transforma nosso olhar, nosso modo de amar, nossos gestos, nossas escolhas.

Ensina-nos, como ensinaste a Santa Dulce, a viver cada dia como um dom, a servir sem esperar recompensas, a ser paz onde houver inquietação e esperança onde houver abandono.

Que possamos dizer com toda verdade: "Já não sou eu quem vivo, é Cristo que vive em mim".

Todos - Santa Dulce dos Pobres, rogai por nós!

Pai-nosso, Ave-Maria e Glória ao Pai.

L1 - Ao encerrarmos este sexto dia da novena, levamos conosco a certeza de que não caminhamos sozinhos.

L2 - Santa Dulce dos Pobres nos inspira a permitir que Cristo viva em nós, não só em momentos de oração, mas em cada pequena atitude do cotidiano.

A - Irmãos e irmãs, sigamos em paz, com o coração habitado por Cristo. Sejamos, como Dulce, sinais vivos do Evangelho: com um sorriso que acolhe, uma escuta que consola, uma mão que partilha.

T - Que nossa presença transforme o mundo ao nosso redor, não por força, mas por amor.

Santa Dulce, intercede por nós, para que sejamos reflexos do Cristo que vive em nós.

Amém.

A - Vamos em paz, na certeza de que Cristo habita em nós.

(Pode ser feito um canto à escolha.
Ver o *Anexo* na página 121)

TERCEIRO MOMENTO

Servir com o coração

7º Dia

Damos a vida com Ele

Tema: "Entregar-se até o fim".

Intenção: Que sejamos generosos no dom de nós mesmos.

ABERTURA

A – † Em nome do Pai, do Filho e do Espírito Santo. Amém.

Senhor, Deus de infinita ternura, nós nos colocamos em tua presença, atraídos pelo testemunho luminoso de tua serva, Santa Dulce dos Pobres.

Pelos caminhos estreitos da dor e do abandono, ela descobriu teu rosto escondido nos pequeninos, e fez de sua vida uma oferta viva, um Evangelho em ação.

Conduze-nos, Espírito Santo, neste itinerário de fé, para que, passo a passo, possamos ser transformados por teu amor, assim como Dulce foi, até nos tornarmos também sinais da tua compaixão no mundo.

Santa Dulce, amiga dos pobres e espelho da misericórdia, intercede por nós nesta novena.

Pela graça que humildemente te pedimos (fazer o pedido), concede-nos um coração simples, livre e generoso, capaz de amar como Jesus amou.

Amém.

A – Jesus deu a vida por amor. Santa Dulce também deu a sua: dia após dia, no cansaço, no serviço, no sofrimento escondido.

L1 – Santa Dulce gastou-se por inteiro. Doava tempo, força, atenção. Não se poupava, mesmo quando o corpo pedia descanso. Ela dizia: "Enquanto houver um sofredor, estarei com ele".

L2 – Não foi mártir de sangue, mas do amor. Seu sacrifício era diário, silencioso, fiel. Entregou-se com Jesus, pelo Reino. E morreu como viveu: servindo.

T – Jesus, que deste tua vida por amor, ensina-nos a entregar também a nossa. Que cada gesto nosso seja dom, cada cansaço, oferta, cada dor, união contigo. Santa Dulce, ajuda-nos a não reter nada.

HINO A SANTA DULCE
(cantemos ou rezemos juntos)

Salve, Salve! Salve, Santa Dulce do amor
Veja, veja, veja os grandes feitos do Senhor

Santa Dulce tão querida e tão amada
Ontem e hoje tão venerada
Acolheu crianças, jovens, idosos e doentes
Entregues à divina caridade e à bondade.

Salve, Salve! Salve, Santa Dulce do amor
Veja, veja, veja os grandes feitos do Senhor

Dulce andou pelas ruas tão feliz com o que fazia
Foi muito além daquilo que podia
Dulce, Dulce, Dulce tão querida do Senhor
Creste no amor ao pobre
Viveu o Evangelho com ardor.

Salve, Salve! Salve, Santa Dulce do amor
Veja, veja, veja os grandes feitos do Senhor

O que é Deus ficará no coração e na mente
Proclama esta canção para o mundo em ação
eternamente
Dulce do grande amor
Viveu com os pequeninos a mensagem do Senhor.

DEUS NOS FALA AO CORAÇÃO

L1 - Proclamação do Evangelho segundo São Lucas (Lc 1,38).

T - Glória a vós, Senhor!

"Eis aqui a serva do Senhor. Seja-me feito segundo a tua palavra."

A - Palavra da Salvação.

T - Glória a vós, Senhor!

A - Na fé cristã, amar é dar-se. Não em teoria, mas em carne, tempo, afeto e cansaço. Foi assim com Jesus, que se entregou até o fim, sem reter nada. Foi assim com Maria, que disse "Eis aqui a serva do Senhor" e abraçou com coragem o dom total da própria vida. E foi assim também com Santa Dulce dos Pobres.

L1 - Dulce não escolheu dar a vida de uma vez só, em um gesto heroico e único. Ela ofereceu-se um pouco por dia: nas filas do ambulatório, nas noites sem dormir, nos pedidos que se acumulavam. Serviu silenciosamente, sem esperar reconhecimento. Entregou-se com Jesus, e por isso sua vida foi fecunda. Sua cruz não era feita de madeira, mas de pequenos sacrifícios escondidos – e carregada com amor fiel.

L2 – "Enquanto houver um sofredor, estarei com ele." Essa frase resume o seu modo de viver: presença constante, doação incansável, oferta silenciosa. Foi mártir do amor cotidiano, como tantos santos ocultos que Deus levanta no meio do povo.

L1 – O Evangelho de hoje traz o "sim" de Maria. Um "sim" que se fez vida entregue, missão abraçada. Santa Dulce viveu esse mesmo espírito mariano: disponível, generosa, firme. Não fugia do sofrimento dos outros; ao contrário, corria ao encontro. E ali estava Cristo, escondido nos pobres, esperando ser amado.

A – Hoje, somos convidados a fazer o mesmo. Dar a vida não significa apenas morrer por alguém, mas viver por alguém. É escolher, como Jesus, como Maria, como Dulce, amar até o fim. Mesmo sem forças. Mesmo sem aplausos. Mesmo sem resultados visíveis.

Entregar-se dói, mas é aí que Deus faz novas todas as coisas.

Três perguntas para refletir em silêncio:

- Em que momentos tenho resistido a dar a vida com generosidade?
- O que ainda guardo só para mim, que poderia ser dom para os outros?
- A quem Deus está me chamando a servir hoje, com mais amor e menos reservas?

Permanecer em silêncio por alguns instantes e abrir para partilha em grupo.

ALEGRIAS E PRECES

A – Agradecemos por Jesus, que nos convida a dar a vida com Ele, dia após dia, em pequenas e grandes ofertas de amor.

Louvemos por todos os que se doam generosamente pelo bem dos outros.

Agradeçamos por Santa Dulce, que fez de sua vida um dom total, até o fim.

Convidamos agora a expressar em voz alta seus agradecimentos e pedidos.

(Pausa para preces espontâneas)

GESTO CONCRETO

A - Santa Dulce entregou sua vida sem reservas. Também nós somos chamados a dar a vida com Cristo, nos pequenos sacrifícios e ofertas do cotidiano.

Três gestos concretos de hoje:

- Oferecer com amor alguma dificuldade do dia.
- Fazer algo generoso que custe um pouco de esforço.
- Rezar por alguém que está dando a vida pelos outros (por exemplo: profissionais de saúde, missionários, cuidadores).

Animador ou todos juntos:

Senhor Jesus, tu que vieste ao mundo não para ser servido, mas para servir e dar a vida por todos, ensina-nos a seguir teu exemplo com generosidade.

Dá-nos, como deste a Santa Dulce, um coração disponível, sensível, sem reservas. Que saibamos oferecer nosso tempo, nossa atenção, nossa escuta e até mesmo nosso cansaço, como expressão de amor aos irmãos.

Queremos, Senhor, entregar-nos contigo, não apenas em momentos grandiosos, mas na fidelidade às pequenas cruzes do cotidiano.

Faz de nós pessoas inteiras no amor, capazes de servir mesmo quando não somos vistos, de amar mesmo quando dói, de continuar mesmo quando tudo em nós quer parar.

Que ao fim de cada dia possamos dizer, como Maria: "Eis aqui o(a) servo(a) do Senhor".

E, como Santa Dulce, repetir com fé: "Enquanto houver um sofredor, estarei com ele".

Amém.

Todos – Santa Dulce dos Pobres, rogai por nós!

Pai-nosso, Ave-Maria e Glória ao Pai.

L1 - Neste sétimo dia da novena, contemplamos a entrega total de Jesus, de Maria e de Santa Dulce.

L2 - A vida plena não está em reter, mas em oferecer-se. Amar é dar-se. Servir é o caminho da verdadeira grandeza.

A - Irmãos e irmãs, sigamos em paz, decididos a dar a vida com Jesus. Que cada atitude nossa seja uma semente de compaixão. Que nossas mãos sirvam. Que nossos passos busquem quem sofre. Que nossa vida, como a de Santa Dulce, seja dom para os outros.

T - Santa Dulce dos Pobres, intercede por nós, para que, mesmo cansados, sejamos fiéis. Mesmo esquecidos, sejamos firmes. Mesmo frágeis, sejamos generosos no amor.

A - Vamos com coragem e ternura: cada pequeno gesto de amor é uma entrega que transforma o mundo.

(Pode ser feito um canto à escolha.
Ver o *Anexo* na página 121)

8º Dia

Uma missão de compaixão

Tema: "Coração que sente a dor do outro".

Intenção: Que sejamos enviados a viver a compaixão como estilo de vida.

ABERTURA

A – † Em nome do Pai, do Filho e do Espírito Santo. Amém.

Senhor, Deus de infinita ternura, nós nos colocamos em tua presença, atraídos pelo testemunho luminoso de tua serva, Santa Dulce dos Pobres.

Pelos caminhos estreitos da dor e do abandono, ela descobriu teu rosto escondido nos pequeninos, e fez de sua vida uma oferta viva, um Evangelho em ação.

Conduze-nos, Espírito Santo, neste itinerário de fé, para que, passo a passo, possamos ser transformados por teu amor, assim como Dulce foi, até nos tornarmos também sinais da tua compaixão no mundo.

Santa Dulce, amiga dos pobres e espelho da misericórdia, intercede por nós nesta novena.

Pela graça que humildemente te pedimos (fazer o pedido), concede-nos um coração simples, livre e generoso, capaz de amar como Jesus amou.

Amém.

A - Santa Dulce não esperou condições ideais para amar. Sua missão era a compaixão, e ela a viveu com radicalidade.

L1 - Ela recolhia os doentes onde ninguém mais queria tocar. Construía abrigos com o que tinha. Insistia quando portas se fechavam. A compaixão a tornava incansável.

L2 - A compaixão era sua vocação. Sentir a dor do outro, chorar com quem sofre, lutar por dignidade e esperança. Santa Dulce foi enviada a ser coração de Deus para os últimos.

T – Senhor, envia-nos também à missão da compaixão. Que nossos olhos vejam como os teus, que nossas mãos toquem com ternura, e que nossa vida seja dom.
Santa Dulce, ajuda-nos a amar com coragem.

HINO A SANTA DULCE
(cantemos ou rezemos juntos)

Salve, Salve! Salve, Santa Dulce do amor
Veja, veja, veja os grandes feitos do Senhor

Santa Dulce tão querida e tão amada
Ontem e hoje tão venerada
Acolheu crianças, jovens, idosos e doentes
Entregues à divina caridade e à bondade.

Salve, Salve! Salve, Santa Dulce do amor
Veja, veja, veja os grandes feitos do Senhor

Dulce andou pelas ruas tão feliz com o que fazia
Foi muito além daquilo que podia
Dulce, Dulce, Dulce tão querida do Senhor

Creste no amor ao pobre
Viveu o Evangelho com ardor.

Salve, Salve! Salve, Santa Dulce do amor
Veja, veja, veja os grandes feitos do Senhor

O que é Deus ficará no coração e na mente
Proclama esta canção para o mundo em ação
eternamente
Dulce do grande amor
Viveu com os pequeninos a mensagem do Senhor.

DEUS NOS FALA AO CORAÇÃO

L1 – Leitura da Carta de São Paulo aos Filipenses (Fl 2,5-8).

T – Glória a vós, Senhor!

"Tende em vós os mesmos sentimentos do Coração de Jesus. Ele, embora subsistindo como imagem de Deus, não julgou como um bem a ser conservado com ciúme sua igualdade com Deus; muito pelo contrário: ele mesmo se reduziu a nada, assumindo condição de servo e tornando-se solidário com os homens. E, sendo considerado homem, humilhou-se ainda mais, fazendo-se obediente até a morte, e morte de cruz!"

A – Palavra do Senhor.
T – Graças a Deus.

A – O coração de Jesus é o lugar onde nasce a compaixão. Não uma compaixão distante, teórica ou sentimental, mas uma compaixão que se faz carne, que se abaixa, que se aproxima, que se entrega.

L1 – Paulo nos convida a ter os mesmos sentimentos de Cristo: não apego ao status, mas prontidão para servir. Não proteção de si mesmo, mas abertura aos outros. Não medo da cruz, mas coragem para amar até o fim.

L2 – Esse é o centro da missão cristã. E esse foi o caminho de Santa Dulce dos Pobres. Ela não esperou estruturas prontas. Não exigiu condições ideais. Sua única condição era o amor.

L1 - Com pouco ou quase nada, ela recolhia os doentes esquecidos, erguia abrigos com restos de madeira, batia nas portas que se fechavam e, quando não se abriam, criava novas.

L2 - Santa Dulce fez da compaixão sua vocação, e da própria vida uma resposta ao sofrimento do outro.

L1 - Como Jesus, ela não fugiu da dor: aproximou-se dela. Tocou os intocáveis. Consolou os invisíveis. Lutou pelos desprezados. E, no silêncio das pequenas ações, tornou-se grande.

L2 - A missão da compaixão é, antes de tudo, um jeito de viver. Não é algo que fazemos de vez em quando, mas o modo como olhamos, ouvimos, tocamos, caminhamos.

A - Somos chamados a ser reflexo do coração de Jesus, como foi Santa Dulce: presença de misericórdia, mesmo quando tudo parece difícil ou sem sentido.

T - Senhor, coloca em nós os sentimentos do teu Coração. Tira de nós a pressa e o medo, e dá-nos coragem para amar com profundidade. Faz de nossas mãos instrumentos da tua ternura. Que a nossa compaixão não fique apenas nas palavras, mas se traduza em atitudes que transformam.

A - Santa Dulce dos Pobres, intercede por nós. Ensina-nos a amar como Jesus: com humildade, com firmeza e com doação total.

Três perguntas para refletir em silêncio

- O que significa, na minha vida concreta, ter os sentimentos do Coração de Jesus?
- Em quais situações tenho me afastado do sofrimento do outro por medo, cansaço ou comodismo?
- Que atitude concreta posso tomar hoje para viver a compaixão como missão, como Santa Dulce viveu?

Permanecer em silêncio por alguns instantes e abrir para partilha em grupo.

ALEGRIAS E PRECES

A - Damos graças a Deus, porque nos confia a missão de sermos expressão viva de sua compaixão.

Agradeçamos pelas oportunidades de amar concretamente e por todas as vezes que fomos consolados por alguém.

Louvemos o testemunho de Santa Dulce, cuja vida foi compaixão encarnada.

Com coração generoso, apresentemos nossas preces espontâneas.

(Pausa para preces espontâneas)

GESTO CONCRETO

A - Santa Dulce viveu a compaixão como missão. Deixou-se tocar pela dor e agiu com amor. Hoje, somos enviados também a ser presença compassiva no mundo.

Três gestos concretos de hoje:

- Rezar pedindo a graça de um coração sensível à dor dos outros.

- Ajudar alguém concretamente em sua dor (comida, consolo, companhia).
- Praticar um gesto de paciência onde houver impaciência.

ORAÇÃO FINAL E DESPEDIDA

Animador ou todos juntos:

Senhor Jesus, tu que nos revelaste o Coração do Pai, cheio de compaixão e ternura, faz-nos compreender que somos chamados a viver essa mesma compaixão na escuta, no serviço, no cuidado com os mais frágeis.

À tua luz, contemplamos a vida de Santa Dulce dos Pobres, que se fez dom para tantos corações esquecidos e feridos. Por sua intercessão, queremos também nós ser instrumentos do teu amor, acolhendo os que sofrem, curando com gestos simples, vivendo com ousadia uma caridade que não se cansa.

Ensina-nos a ver com o coração, a amar com o coração, a servir com o coração. E que, neste caminho, sejamos presença viva do teu Evangelho, onde quer que estejamos.

Amém.

Todos – Santa Dulce dos Pobres, rogai por nós!

Pai-nosso, Ave-Maria e Glória ao Pai.

Hoje, o Senhor nos envia com o coração abrasado por compaixão. Somos chamados a ser sinais do seu amor no mundo. Santa Dulce nos ensina que a missão não se faz apenas com palavras, mas com mãos que curam, olhos que enxergam, passos que se aproximam.

Vamos partir com coragem, com ternura e com fé. Deus nos chama a uma missão de misericórdia. Não estamos sós: caminhamos com o coração de Jesus batendo no nosso.

Que cada gesto nosso seja um eco da compaixão do Pai. E que Santa Dulce dos Pobres, mulher do impossível e da esperança, nos acompanhe com seu olhar de paz.

Vamos em missão. O mundo espera pelo nosso amor.

(Pode ser feito um canto à escolha.
Ver o *Anexo* na página 121)

9º Dia

Uma rede de oração e serviço

Tema: "Somos muitos, somos um".

Intenção: Que façamos parte de uma Igreja viva, orante e servidora.

ABERTURA

A – † Em nome do Pai, do Filho e do Espírito Santo. Amém.

Senhor, Deus de infinita ternura, nós nos colocamos em tua presença, atraídos pelo testemunho luminoso de tua serva, Santa Dulce dos Pobres.

Pelos caminhos estreitos da dor e do abandono, ela descobriu teu rosto escondido nos pequeninos, e fez de sua vida uma oferta viva, um Evangelho em ação.

Conduze-nos, Espírito Santo, neste itinerário de fé, para que, passo a passo, possamos ser transformados por teu amor, assim como Dulce foi, até nos tornarmos também sinais da tua compaixão no mundo.

Santa Dulce, amiga dos pobres e espelho da misericórdia, intercede por nós nesta novena.

Pela graça que humildemente te pedimos (fazer o pedido), concede-nos um coração simples, livre e generoso, capaz de amar como Jesus amou.

Amém.

A - Santa Dulce não agia sozinha. Reunia pessoas, mobilizava corações, formava uma rede de amor.

L1 - Ela era pequena, mas sua fé era grande. Com oração e ação, conquistava milagres. Convidava todos a fazer parte da caridade viva, a serem Igreja em saída.

L2 - Hoje, somos chamados a continuar sua obra. Santa Dulce nos lembra que a Igreja é feita de oração que se torna serviço, e de serviço que nasce da oração.

T - Senhor Jesus, faze de nós uma rede viva de oração e caridade. Que, unidos, possamos amar mais e servir melhor.

Santa Dulce dos Pobres, ajuda-nos a continuar tua missão com fidelidade.

HINO A SANTA DULCE
(cantemos ou rezemos juntos)

Salve, Salve! Salve, Santa Dulce do amor
Veja, veja, veja os grandes feitos do Senhor

Santa Dulce tão querida e tão amada
Ontem e hoje tão venerada
Acolheu crianças, jovens, idosos e doentes
Entregues à divina caridade e à bondade.

Salve, Salve! Salve, Santa Dulce do amor
Veja, veja, veja os grandes feitos do Senhor

Dulce andou pelas ruas tão feliz com o que fazia
Foi muito além daquilo que podia
Dulce, Dulce, Dulce tão querida do Senhor
Creste no amor ao pobre
Viveu o Evangelho com ardor.

Salve, Salve! Salve, Santa Dulce do amor
Veja, veja, veja os grandes feitos do Senhor

O que é Deus ficará no coração e na mente
Proclama esta canção para o mundo em ação eternamente
Dulce do grande amor
Viveu com os pequeninos a mensagem do Senhor.

DEUS NOS FALA AO CORAÇÃO

L1 - Proclamação do Evangelho segundo São João (Jo 20,21).

T - Glória a vós, Senhor!

"A paz esteja convosco! Como o Pai me enviou, assim também eu vos envio."

A - Palavra da Salvação.

T - Glória vós, Senhor!

A - No último dia desta novena, somos convidados a contemplar o envio de Jesus como ponto de chegada... E de partida. A missão do Cristo ressuscitado não termina com sua vitória sobre a morte. Ao contrário: ela se prolonga em nós, seus discípulos.

L1 - "Assim também eu vos envio." Esse envio não é solitário. É comunhão. É rede. É corpo. É Igreja. É exatamente isso que vemos na vida de Santa Dulce dos Pobres: uma mulher simples, que se tornou centro de uma imensa corrente de amor.

L2 - Ela não agia sozinha. Reunia pessoas, mobilizava corações, transformava quem se aproximava. Sua missão não era apenas "ajudar" os pobres, mas fazer com que todos ajudassem, todos servissem, todos amassem.

L1 - Sua fé ardente a colocava de joelhos diante de Deus e de pé diante das necessidades do povo. Orava e agia. E fazia de tudo isso uma única coisa: oração que se torna serviço, e serviço que brota da oração.

L2 - Hoje, o convite é para nós. Somos chamados a fazer parte dessa rede viva que Santa Dulce iniciou.

Não é uma rede de ideias, mas de mãos estendidas. Não é uma rede virtual, mas encarnada. Não somos apenas devotos da Santa Dulce. Somos continuadores da sua missão.

A - A missão começa no coração, passa pela oração e se concretiza no cuidado com os irmãos. Assim se constrói o Reino de Deus: um gesto de cada vez, uma vida de cada vez.

T - Senhor Jesus, tu nos envias como o Pai te enviou: com amor, com coragem e com compaixão. Faze de nós uma rede viva de oração e serviço, uma Igreja que escuta, que se compromete, que serve com alegria.

Não nos deixes cair na tentação da indiferença ou do comodismo. Dá-nos o dom de reunir, de motivar, de servir juntos, como fez Santa Dulce dos Pobres.

Que cada pequeno gesto nosso fortaleça os laços da caridade. E que sejamos, onde estivermos, presença do teu Coração no mundo.

A - S anta Dulce dos Pobres, intercede por nós! Ensina-nos a transformar a fé em ação, a oração em cuidado, e a comunhão em missão.

Três perguntas para refletir em silêncio:

- Como tenho vivido meu envio como discípulo de Jesus?
- Minha oração tem me levado ao serviço concreto e ao encontro com os necessitados?
- De que forma posso fortalecer ou iniciar uma rede de caridade com outras pessoas ao meu redor?

Permanecer em silêncio por alguns instantes e abrir para partilha em grupo.

ALEGRIAS E PRECES

A – Hoje agradecemos pela graça de fazermos parte de uma rede viva de oração e de serviço no mundo.

Louvemos a comunhão dos corações que oram, amam e servem com humildade.

Agradeçamos por Santa Dulce, que uniu tantos corações no amor a Deus e aos pobres.

Com fé e alegria, abramos espaço às preces espontâneas.

(Pausa para preces espontâneas)

GESTO CONCRETO

A - A missão de Santa Dulce continua. Somos chamados a formar uma rede viva de oração e serviço, ligados ao Coração de Jesus e unidos entre nós. Três gestos concretos de hoje:

- Oferecer uma oração por pessoas que servem no escondimento.
- Juntar-se a alguma rede de solidariedade, mesmo com um gesto pequeno.
- Agradecer a alguém que, com humildade, faz o bem todos os dias.

ORAÇÃO FINAL E DESPEDIDA

Animador ou todos juntos:

Senhor Jesus, tu nos reuniste ao longo destes nove dias, conduzindo-nos pelos caminhos do teu Coração, onde aprendemos a escutar, a confiar, a servir e a amar com profundidade.

Hoje, ao concluir esta novena, acolhemos o teu envio com coragem: "Como o Pai me enviou, assim também eu vos envio". Queremos ser parte viva da rede de compaixão que começa em ti e se espalha pelo mundo.

Como Santa Dulce dos Pobres, queremos unir oração e serviço, fé e ação, silêncio e presença. Transforma nossas casas em lares de acolhimento, nossas mãos em sinais de esperança, nossos dias em missão.

Senhor, não nos deixes esquecer que não estamos sozinhos. Somos Igreja viva, povo da caridade, corpo que se move no amor. Faz de nós pontes, caminhos, redes. Que em cada gesto nosso, alguém sinta o teu cuidado.

Santa Dulce dos Pobres, intercede por nós, para que sejamos fiéis continuadores da tua obra, com o mesmo amor, a mesma coragem e a mesma paz.

Amém.

Todos – Santa Dulce dos Pobres, rogai por nós!

Pai-nosso, Ave-Maria e Glória ao Pai.

Irmãos e irmãs, chegamos ao fim da novena... Mas o amor de Deus nos envia a começar de novo, desta vez fora dos bancos, fora das folhas, fora das palavras.

Agora é hora de viver a missão. Hora de sermos parte desta rede viva de compaixão, que não se desfaz com o tempo, mas cresce com cada gesto, com cada pessoa que se junta ao serviço por amor.

Vamos com Santa Dulce. Com coragem de quem tem pouco, mas confia no Deus que é tudo. Com a fé de quem dobra os joelhos... E levanta para agir.

Que o Senhor nos envie com paz. E que a rede da caridade jamais se rompa por nossa ausência.

Vamos em missão. A novena termina. A vida recomeça. Santa Dulce caminha conosco.

(Pode ser feito um canto à escolha.
Ver o *Anexo* na página 121)

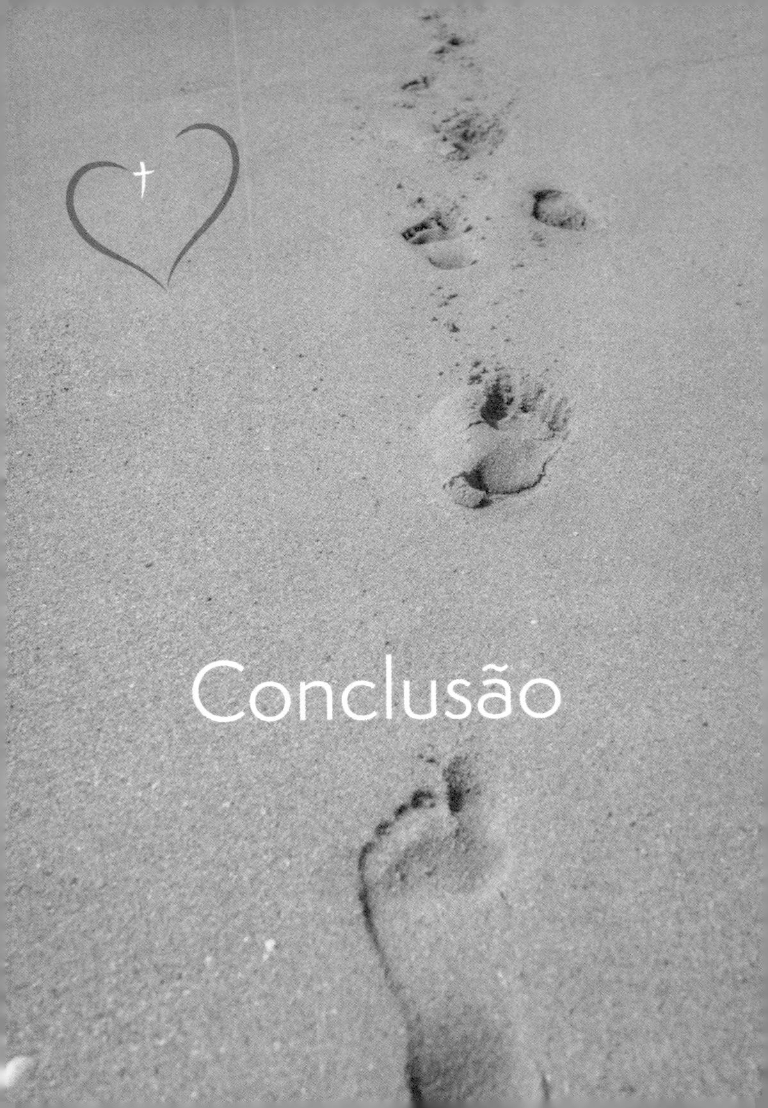

Conclusão

Coração em missão

Chegamos ao fim da nossa novena, mas o caminho continua. Durante esses nove dias, caminhamos com Santa Dulce dos Pobres, aprendendo com sua fé simples, com sua coragem nas dificuldades e, principalmente, com seu amor pelos mais frágeis. Agora, é hora de deixar essa experiência continuar dentro de nós - nos nossos gestos, escolhas e no jeito de viver o dia a dia.

Se o nosso coração foi tocado nesses dias, isso já é sinal de que Deus está agindo. Ele fala no silêncio, na oração, na Palavra, mas também nas pequenas coisas: um abraço, um olhar, um gesto de cuidado. Santa Dulce acreditava nisso, e é assim que queremos seguir. O mundo pode parecer difícil, mas podemos ser sinal de esperança onde estivermos - mesmo que seja com atitudes bem simples.

Obrigado por ter rezado conosco. A sua presença nessa caminhada fez diferença. Deus vê com amor cada esforço seu, cada oração, cada entrega. Que tudo isso fique guardado no coração e dê frutos no tempo certo.

E, se você quiser continuar esse caminho, fica o convite: venha conhecer o Caminho do Coração, um jeito bonito de rezar e viver a fé no dia a dia, proposto pela Rede Mundial de Oração do Papa, pelo Apostolado da Oração e pelo MEJ (Movimento Eucarístico Jovem). Ele nos ajuda a abrir o coração ao amor de Deus, deixar esse amor nos transformar e colocar nossa vida a serviço dos outros.

Que Santa Dulce, padroeira do Apostolado da Oração e do MEJ no Brasil, continue intercedendo por você. E que seu coração siga firme na missão, com amor, fé e esperança.

Vamos juntos. Um coração em missão nunca anda sozinho!

ANEXO

Cantos

SANTA DULCE DOS POBRES
Roberto Malvezzi e Targino Gondim

Teu nome é doce
Teu nome é Dulce
Teu nome é santo
É Serena alegria
Erguendo os caídos
Rezando por nós
Santa Dulce dos Pobres
Anjo Bom da Bahia!

Tanto ouvi a Santa dizer
Tanto ouvi o povo falar
Tanto vi a Santa fazer
A todo mundo ajudar
Tudo o que a Santa ensinou
Tudo fez pra nos mostrar
Seu amor pelos pobres
É o Evangelho da vida

Ela viu quem nunca foi visto
Cuidou de quem não foi cuidado
Toda a sua vida entregou
Por amor a Deus e aos irmãos
Tudo o que ela viveu
Tantos pobres que ela ergueu
No meio da noite, na rua
É o Evangelho da vida

DÁ-NOS UM CORAÇÃO

D.R

Dá-nos um coração grande para amar!
Dá-nos um coração forte para lutar!

Gente nova, criadora da história.
Construtora da nova humanidade.
Gente nova que vive a existência
Sempre em risco de um novo caminhar.

Gente nova, lutando na esperança.
Gente nova, em busca da verdade.
Gente livre, sem freios nem cadeias.
Gente livre, que exige liberdade.

Gente nova, amando sem fronteiras.
Para além de raças e lugar.
Gente nova ao lado dos pobres,
Partilhando com eles teto e pão.

CIRANDA DA COMUNHÃO

Pe. Eliomar Ribeiro, SJ

Partir o pão na mesa,
partilhando em mutirão,
acabando com a fome,
fazendo comunhão!

O Pão e o Vinho, frutos da Terra,
são alimentos na caminhada!
As nossas mãos, os nossos sonhos
são alimentos na caminhada!

Meu irmão índio, sobrevivente,
é resistência na caminhada!
Meu irmão negro, Axé pra gente,
é resistência na caminhada!

Criança e jovem, mulher e homem,
nossos irmãos na caminhada!
Desempregados e abandonados,
nossos irmãos na caminhada!

Os nossos mártires, irmãos de sangue,
são as sementes na caminhada!
Os perseguidos, fiéis na luta,
são as sementes na caminhada!

O povo unido em favor da vida
de mãos unidas na caminhada!
As pastorais e comunidades
de mãos unidas na caminhada!

Jesus amigo, ressuscitado,
é companheiro na caminhada!
Nossa Senhora, mãe da esperança,
é companheira na caminhada!

EM TODAS AS COISAS AMAR

Pe. Eliomar Ribeiro, SJ

Em todas as coisas amar,
Aos irmãos e a Deus servir.

Em tudo amar e servir!
Em tudo amar e servir!

No serviço do Reino sempre
brota um clamor:
O que fiz? O que faço?
O que farei por ti, Senhor?
O que fiz? O que faço?
O que farei por ti, Senhor?

Na contemplação para
o amor alcançar. Amor
verdadeiro consiste em
mais obras que muito
falar. Amor verdadeiro
consiste em mais obras
que muito falar.

O que tenho e possuo,
o louvor, meu cantar.
Maior glória de Deus,
meu sentir e lutar, meu
fazer e amar. Maior
glória de Deus, meu sentir
e lutar, meu fazer e amar.

Peço à Virgem Senhora
força, graça e luz. Pra
servir à Igreja assumindo
o caminho do Cristo Jesus.
Pra servir à Igreja assumindo
o caminho do Cristo Jesus.

PELAS ESTRADAS DA VIDA

M. Espinosa

Pelas estradas da vida nunca
sozinho estás. Contigo pelo
caminho, Santa Maria vai.

Ó vem conosco, vem caminhar,
Santa Maria vem. (Bis)

Se pelo mundo os homens,
sem conhecer se vão, não
negues nunca a tua mão, a
quem te encontrar.

Mesmo que digam os
homens, tu nada podes

mudar. Luta por um mundo
novo de unidade e paz.

Se parecer tua vida inútil
caminhar. Lembra que
abres caminho, outros te
seguirão.

HINO DO SENHOR DO BONFIM

D.R

Glória a ti neste dia de glória
Glória a ti, Redentor, que há cem anos
Nossos pais conduziste à vitória
Pelos mares e campos baianos.

Desta sagrada colina
Mansão da misericórdia
Dá-nos a graça divina
Da justiça e da concórdia

Glória a ti nessa altura sagrada
És o eterno farol, és o guia

És, Senhor, sentinela avançada
És a guarda imortal da Bahia.

Aos teus pés que nos deste o direito
Aos teus pés que nos deste a verdade
Canta e exulta num férvido preito
A alma em festa da tua cidade.

CANÇÃO AO CORAÇÃO DE JESUS

Pe. Cristóbal Fones, SJ

Vou falar de um amor infinito,
Que se faz pequeno, frágil;
amor de um ser humilhado.
Vou falar de um amor apaixonado.
Com a dor carrega os nossos pecados.
Sendo rei, se faz escravo;
fogo de amor poderoso.
Salvador, humilde, fiel, silencioso.

Amor que abre seus braços de acolhida.
Vou falar do caminho para a vida,
Coração paciente, amor ardente.
Vou falar de alguém que venceu a morte.

Vou falar de um amor generoso,
faz e cala, amor a todos
que busca a nós todo o tempo,
esperando a resposta, o encontro.
Vou falar de um amor diferente,
Misterioso, infalível,
Amor que vence na cruz.
Vou falar do Coração de Jesus.
Vou falar de alguém que venceu a morte!

XOTE DA SOLIDARIEDADE
Pe. Eliomar Ribeiro, SJ

Solidariedade é amor no coração,
É vida vivida em favor do nosso irmão! (Bis)

Solidário é ter ternura, ter carinho e amizade,
Abraçar a caminhada buscando fraternidade.

Juventude solidária, sinal de luta e esperança,
Braços dados, voz unida, no passo da mesma dança.

Caminhar de mãos unidas com vontade de lutar,
Pra viver o mesmo sonho e vida plena conquistar.

OBRAS DE MISERICÓRDIA

Ir. Verônica Firmino, fsp

Foi a mim que o fizestes
Quando socorrestes os pequenos meus irmãos.
(Mt 25,40)

Dar de comer a quem tem fome, saciar a sede do irmão
Acolher os peregrinos, vestir os maltrapilhos
Dar assistência aos doentes, visitar quem está na prisão
E enterrar os mortos, fazer tudo de coração

Obras de Misericórdia
Feitas com amor e alegria
Ajudar os pequeninos é a Jesus acolher

Dar sempre um bom conselho, ensinar os que não sabem
Corrigir os que erram, suportar as fraquezas do irmão
Perdoar a quem nos ofende
Consolar os tristes e aflitos
Rezar pelos vivos e mortos
Só assim, seremos benditos

SERENA CONFIANÇA

Ir. Verônica Firmino, fsp/Ir. Eliane Deprá, fsp

Fazer sempre o bem
Sem perder a calma
E se não conseguirmos tudo fazer
Confiemos em Deus!
Serena confiança
Na fraqueza e na dor
Serena confiança
E o possível fazer por amor

TUDO É OBRA DE DEUS

Ir. Verônica Firmino, fsp

Tudo é obra de Deus
Foi Ele quem tudo fez
Demos graças a Ele
Tudo é obra de Deus

O DOM MAIOR

Ir. Verônica Firmino, fsp

Quem nos une é o mesmo Espírito
Que a todos dá dons diferentes
Se servimos o mesmo Senhor
Por que há discórdia entre nós?
Em Cristo somos um só corpo
Cada qual com o seu valor
Com Deus podemos mais
Somente com amor... só o amor
Nem todos são profetas
Nem todos são doutores
Poucos fazem milagres
Poucos têm o dom da cura
Há quem não fale em línguas
Há quem não compreende
Nem todos somos sábios
Poucos têm o conhecimento
Mas todos podem amar, todos devem amar
Eu poderia ter todos os dons
Da profecia ou sabedoria
O dom das línguas, a interpretação
Mas sem amor tudo seria em vão
Se minha fé fosse inabalável

A ponto de mover montanhas
E se entregasse meu corpo às chamas
Sem o amor nada me serviria
Somente o amor é o dom maior
Só vale o amor, só o amor!
Somente o amor é paciente
O amor não é orgulhoso
O amor é tão bondoso
Ele não é vaidoso

O amor não é ciumento
O amor não é egoísta
Não se alegra com a injustiça nem busca suas próprias causas
O amor a todos perdoa
Ele não fica irritado
Sua alegria está na verdade, tudo suporta com fé
As profecias cessarão
Toda ciência passará
Pois limitada é nossa visão
mas o amor é perfeição

Só o amor é o dom maior! Só o amor!
Agora permanecem estas três coisas:
a Fé, a Esperança e o Amor.
Porém, a maior delas é o Amor!

Edições Loyola

editoração impressão acabamento

Rua 1822 nº 341 – Ipiranga
04216-000 São Paulo, SP
T 55 11 3385 8500/8501, 2063 4275
www.loyola.com.br